Impressum
Verlag: BABADADA GmbH, Nedderfeld 112 , 22529 Hamburg
Geschäftsführer / Verlagsleitung: Harald Hof
Druck: Books on Demand GmbH, In de Tarpen 42, 22848 Norderstedt

Imprint
Publisher: BABADADA GmbH, Nedderfeld 112 , 22529 Hamburg, Germany
Managing Director / Publishing direction: Harald Hof
Print: Books on Demand GmbH, In de Tarpen 42, 22848 Norderstedt

# okul

# school

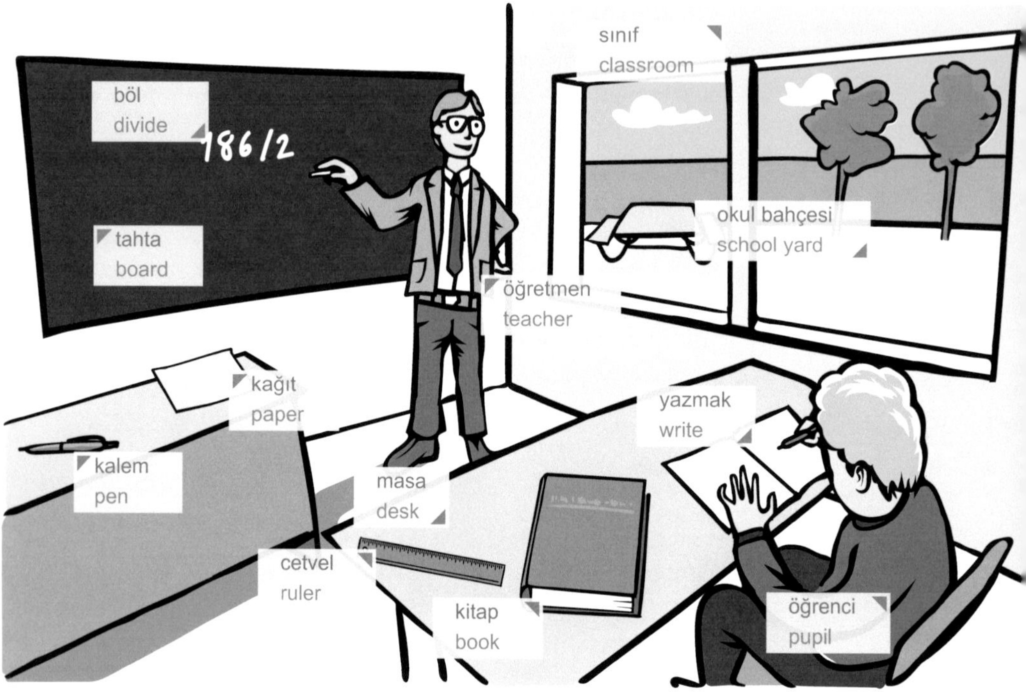

sınıf
classroom
böl
divide
186/2
tahta
board
okul bahçesi
school yard
öğretmen
teacher
kağıt
paper
yazmak
write
kalem
pen
masa
desk
cetvel
ruler
kitap
book
öğrenci
pupil


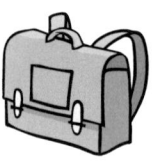

okul çantası

satchel

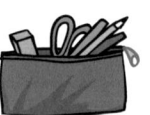

kalemlik

pencil case

kurşun kalem

pencil

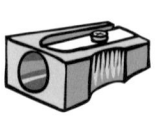

kalem açacağı

pencil sharpener

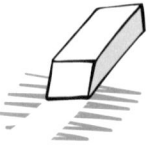

silgi

rubber

çizim defteri

drawing pad

çizim

drawing

resim fırçası

paintbrush

boya kutusu

paint box

makas

scissors

tutkal

glue

alıştırma kitabı

exercise book

ödev

homework

sayı

number

ekle

add

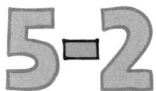

çıkar

subtract

çarp

multiply

hesapla

calculate

harf

letter

alfabe

alphabet

kelime

word

metin

text

okumak

read

tebeşir

chalk

ders

lesson

kayıt

register

sınav

examination

sertifika

certificate

okul forması

school uniform

eğitim

education

ansiklopedi

encyclopedia

üniversite

university

mikroskop

microscope

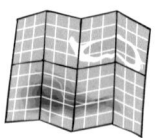

harita

map

kağıt çöp kutusu

waste-paper basket

# seyahat
## travel

otel
hotel
Grand
pansiyon
hostel
ROOMS
EXCHANGE
döviz bürosu
currency exchange office
bavul
suitcase
otomobil
car


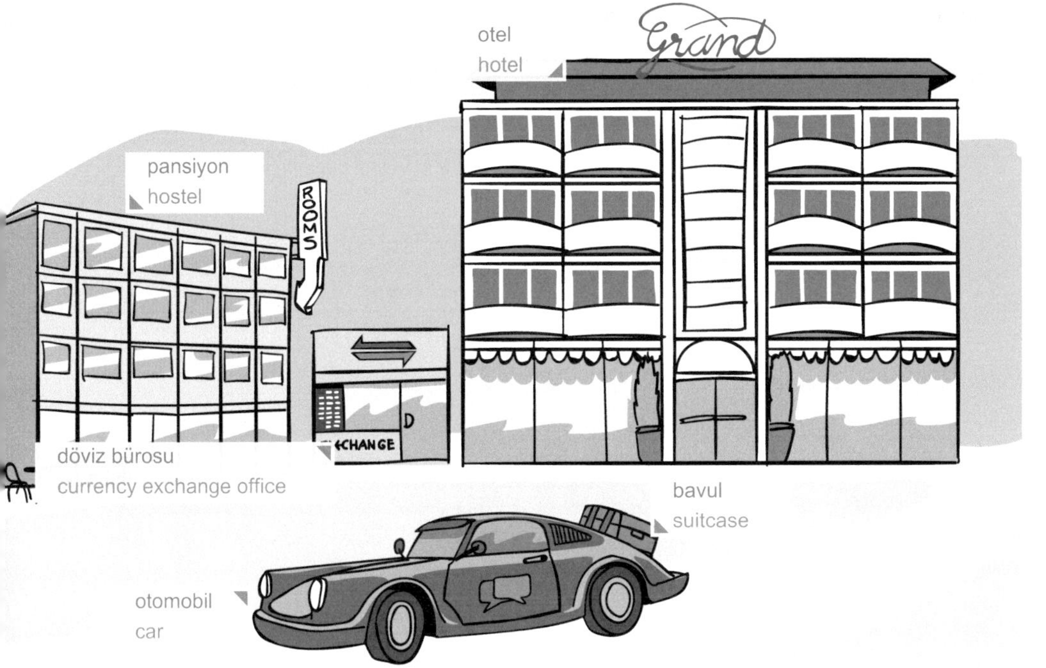

dil

language

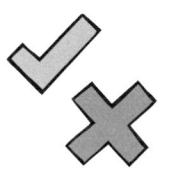

evet / hayır

yes / no

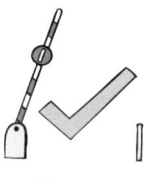

Tamam

Okay

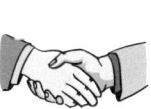

merhaba

hello

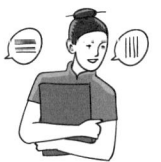

çevirmen

translator

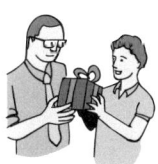

Teşekkür ederim

Thank you

bu ... ne kadar?

how much is...?

anlamadım

I don´t get it

problem

problem

İyi akşamlar!

Good evening!

Günaydın!

Good morning!

İyi geceler!

Good night!

güle güle

goodbye

yön

direction

bagaj

luggage

çanta

bag

sırt çantası

backpack

misafir

guest

oda

room

uyku tulumu

sleeping bag

çadır

tent

**turist danışma**

tourist information

**sahil**

beach

**kredi kartı**

credit card

**kahvaltı**

breakfast

**öğle yemeği**

lunch

**akşam yemeği**

dinner

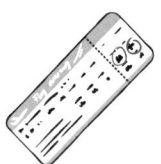

**Bilet**

Ticket

**asansör**

elevator

**pul**

stamp

**sınır**

border

**gümrük**

customs

**elçilik**

embassy

**vize**

visa

**pasaport**

passport

# ulaşım
# transport

uçak
airplane

gemi
ship

yangın söndürme pompası
fire truck

kamyon
truck

otobüs
bus

motorlu tekne
motorboat

bisiklet
bike

otomobil
car

feribot
ferry

bot
boat

motosiklet
motorbike

polis arabası
police car

yarış arabası
racing car

kiralık araba
rental car

ortak araba

car sharing

çekici

tow truck

çöp kamyonu

garbage truck

motor

engine

yakıt

fuel

benzinlik

fuel station

trafik işareti

traffic sign

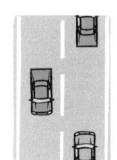

trafik

traffic

trafik sıkışıklığı

traffic jam

otopark

parking lot

tren istasyonu

train station

ray

tracks

tren

train

tramvay

tram

vagon

wagon

helikopter

helicopter

havaalanı

airport

kule

tower

yolcu

passenger

konteyner

container

koli

carton

yük arabası

cart

sepet

basket

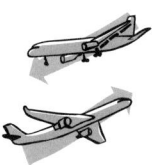

kalkış / iniş

take off / land

## şehir
## city

köy

village

şehir merkezi

city center

ev

house

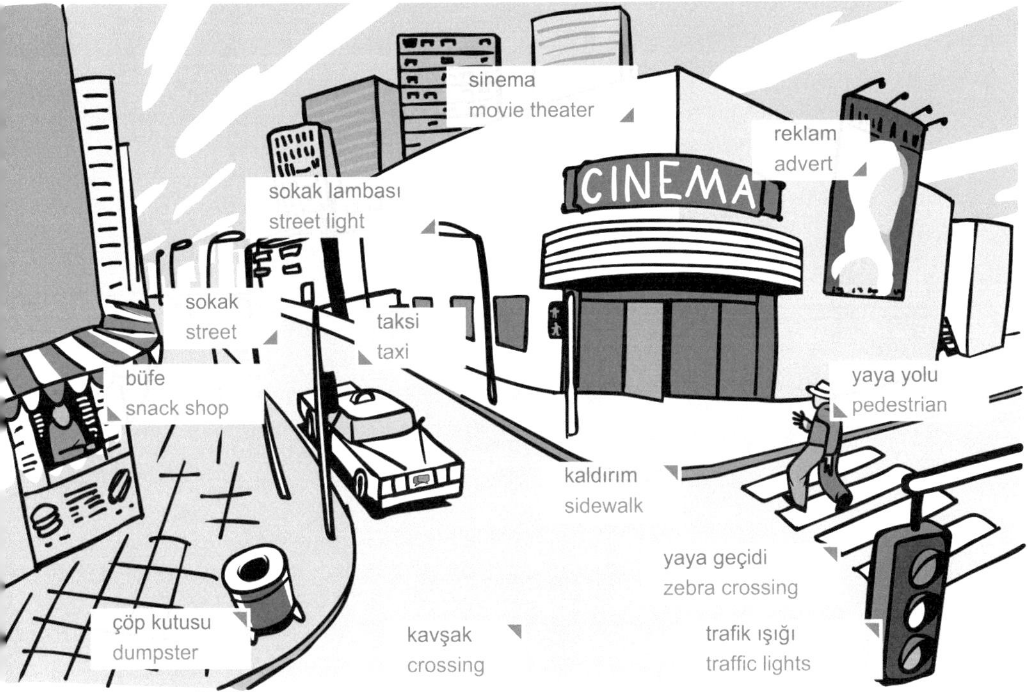

sinema
movie theater

reklam
advert

sokak lambası
street light

sokak
street

taksi
taxi

büfe
snack shop

yaya yolu
pedestrian

kaldırım
sidewalk

yaya geçidi
zebra crossing

çöp kutusu
dumpster

kavşak
crossing

trafik ışığı
traffic lights

kulübe

hut

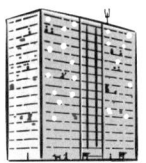

apartman dairesi

apartment

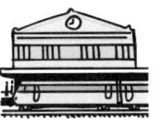

tren istasyonu

train station

belediye binası

city hall

müze

museum

okul

school

şehir - city

11

üniversite
university

banka
bank

hastane
hospital

otel
hotel

eczane
pharmacy

ofis
office

kitapçı
book shop

mağaza
shop

çiçekçi
flower shop

süpermarket
supermarket

market
market

büyük mağaza
department store

balık satıcısı
fishmonger's shop

alışveriş merkezi
mall

liman
harbor

park

park

bank

bench

köprü

bridge

merdiven

stairs

metro

subway

tünel

tunnel

otobüs durağı

bus stop

bar

bar

restoran

restaurant

posta kutusu

postbox

sokak tabelası

street sign

otopark sayacı

parking meter

hayvanat bahçesi

zoo

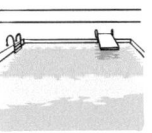

yüzme havuzu

swimming pool

cami

mosque

çiftlik
farm

kirlilik
pollution

mezarlık
cemetery

kilise
church

oyun alanı
playground

tapınak
temple

# arazi
## landscape

yaprak
leaf

yön tabelası
signpost

yol
path

çayır
meadow

taş
stone

yürüyüşçü
hiker

ağaç
tree

ırmak
river

çimen
grass

çiçek
flower

vadi

valley

tepe

hill

göl

lake

orman

forest

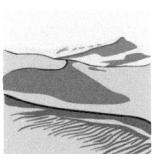

çöl

desert

volkan

volcano

kale

castle

gökkuşağı

rainbow

mantar

mushroom

palmiye

palm tree

sivrisinek

mosquito

sinek

fly

karınca

ant

arı

bee

örümcek

spider

böcek

beetle

kurbağa

frog

sincap

squirrel

kirpi

hedgehog

yabani tavşan

hare

baykuş

owl

kuş

bird

kuğu

swan

yaban domuzu

boar

geyik

deer

geyik

moose

baraj

dam

rüzgar türbini

wind turbine

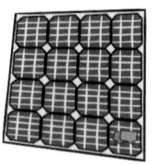

güneş paneli

solar panel

iklim

climate

# restoran
# restaurant

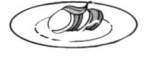

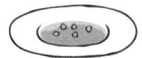

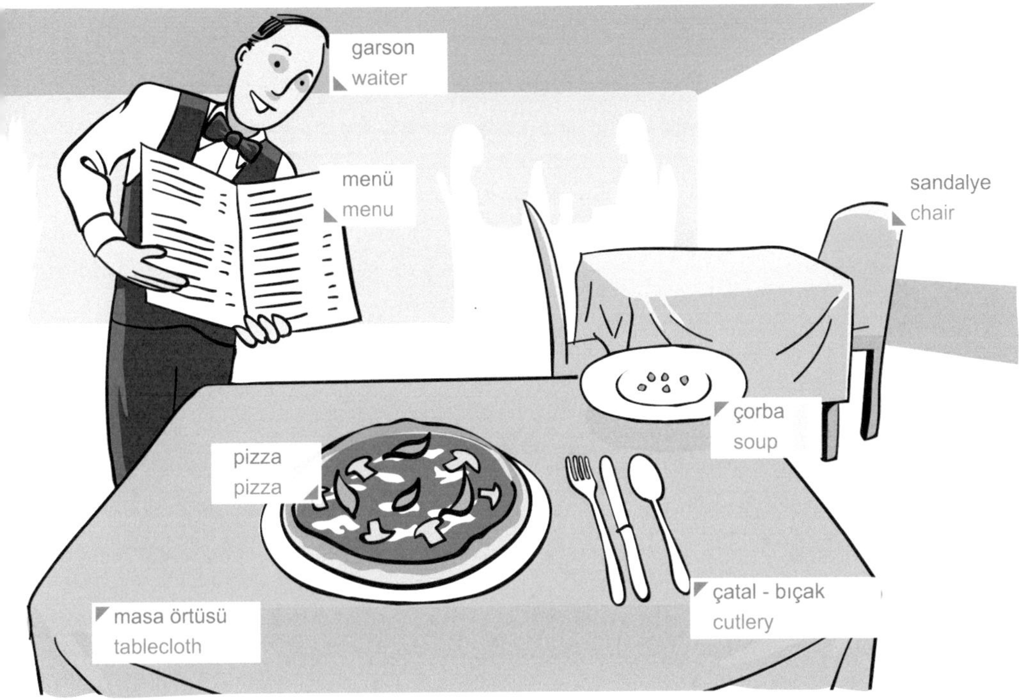
garson
waiter
menü
menu
sandalye
chair
çorba
soup
pizza
pizza
masa örtüsü
tablecloth
çatal - bıçak
cutlery

başlangıç

starter

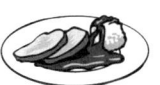

ana yemek

main course

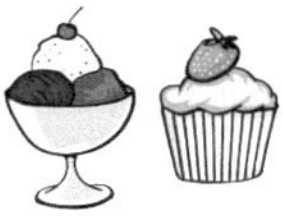

tatlı

dessert

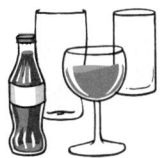

içecekler

drinks

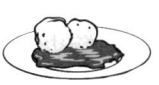

yemek

food

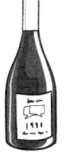

şişe

bottle

fastfood

fast food

sokak yemeği

street food

çaydanlık

teapot

şekerlik

sugar bowl

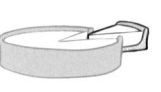

porsiyon

portion

espresso makinesi

espresso machine

mama sandalyesi

high chair

fatura

bill

tepsi

tray

bıçak

knife

çatal

fork

kaşık

spoon

çay kaşığı

teaspoon

servis peçetesi

serviette

bardak

glass

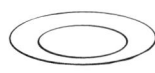

tabak

plate

çorba kasesi

soup plate

fincan altlığı

saucer

sos

sauce

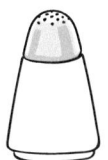

tuzluk

salt shaker

karabiber değirmeni

pepper mill

sirke

vinegar

yağ

oil

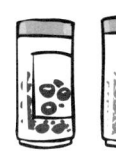

baharat

spices

ketçap

ketchup

hardal

mustard

mayonez

mayonnaise

# süpermarket
# supermarket

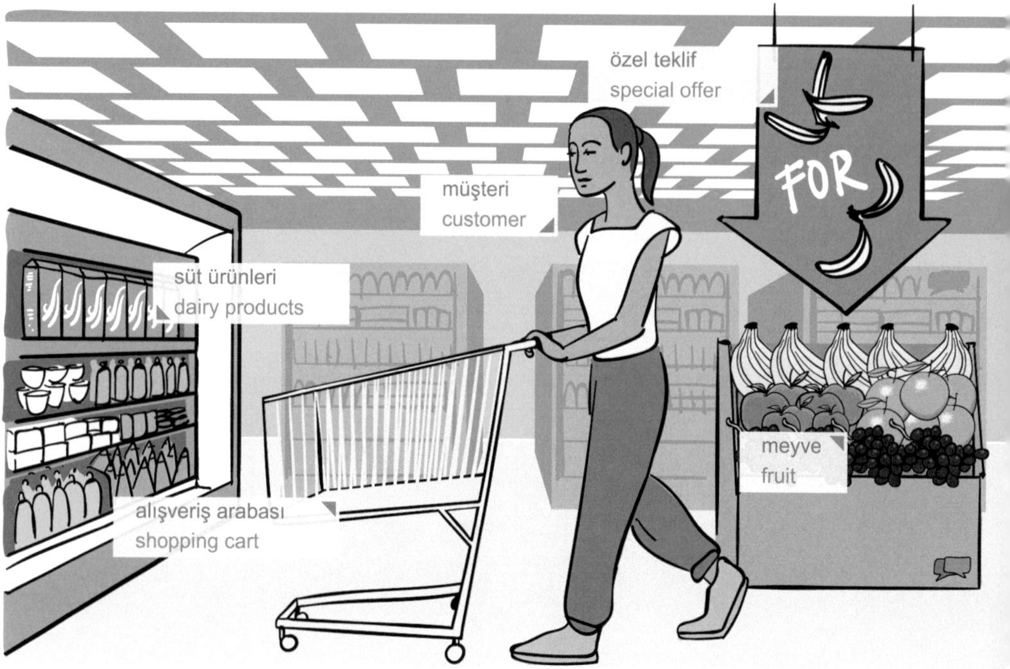

özel teklif
special offer
FOR
müşteri
customer
süt ürünleri
dairy products
meyve
fruit
alışveriş arabası
shopping cart


BUTCHERS


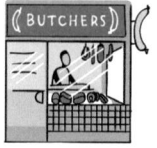

kasap

butcher's shop

BAKERY


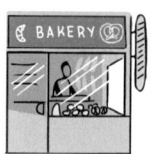

fırın

bakery

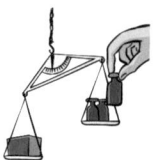

tartmak

weigh

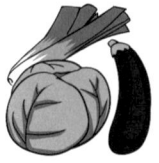

sebze

vegetables

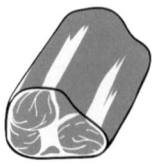

et

meat

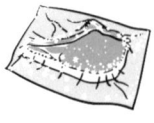

donmuş gıda

frozen food

söğüş et

cold cuts

konserve yiyecek

canned food

toz deterjan

detergent

şekerlemeler

candy

ev temizlik ürünleri

household products

temizlik ürünleri

cleaning products

satış görevlisi

sales representative

yazar kasa

cash register

kasiyer

cashier

alışveriş listesi

shopping list

açılış saatleri

opening hours

cüzdan

wallet

kredi kartı

credit card

çanta

bag

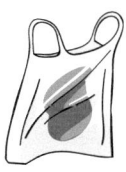

plastik poşet

plastic bag

su

water

meyve suyu

juice

süt

milk

kola

coke

şarap

wine

bira

beer

alkol

alcohol

kakao

cocoa

çay

tea

kahve

coffee

espresso

espresso

kapuçino

cappuccino

muz

banana

elma

apple

portakal

orange

kavun

melon

limon

lemon

havuç

carrot

sarımsak

garlic

bambu

bamboo

soğan

onion

mantar

mushroom

çerez

nuts

makarna

noodles

spagetti

spaghetti

pirinç

rice

salata

salad

cips

fries

patates kızartması

fried potatoes

pizza

pizza

hamburger

hamburger

sandviç

sandwich

şinitzel

escalope

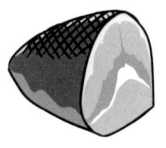

pastırma

ham

salam

salami

sosis

sausage

tavuk

chicken

rosto

roast

balık

fish

yulaf ezmesi

porridge oats

müsli

muesli

mısır gevreği

cornflakes

un

flour

kruvasan

croissant

küçük ekmek

bread roll

ekmek

bread

tost

toast

bisküvi

cookies

tereyağı

butter

kaymak

curd

kek

cake

yumurta

egg

sahanda yumurta

fried egg

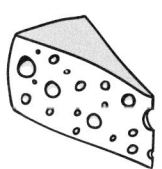

peynir

cheese

dondurma

ice cream

şeker

sugar

bal

honey

reçel

jelly

fındık ezmesi

nougat cream

köri

curry

# çiftlik
# farm

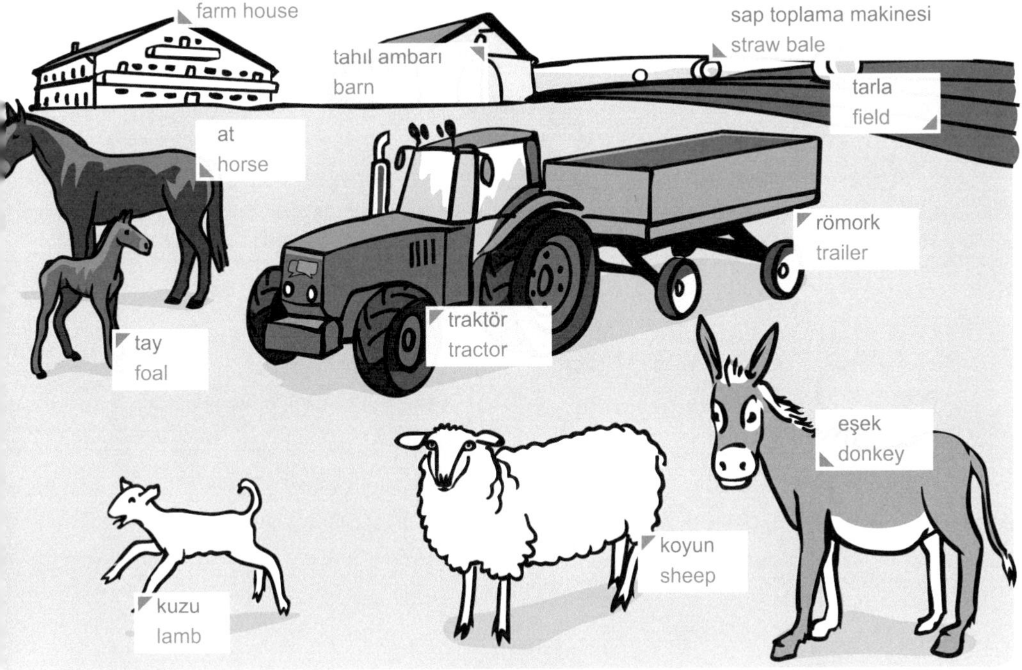
çiftlik evi
farm house
tahıl ambarı
barn
sap toplama makinesi
straw bale
tarla
field
at
horse
römork
trailer
traktör
tractor
tay
foal
eşek
donkey
koyun
sheep
kuzu
lamb

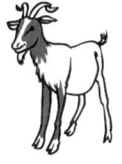

keçi

goat

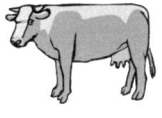

inek

cow

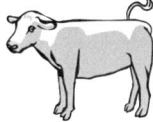

buzağı

calf

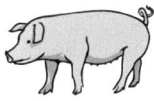

domuz

pig

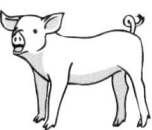

domuz yavrusu

piglet

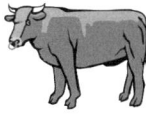

boğa

bull

kaz

goose

ördek

duck

civciv

chick

tavuk

hen

horoz

cockerel

sıçan

rat

kedi

cat

fare

mouse

öküz

ox

köpek

dog

köpek kulübesi

dog house

bahçe hortumu

garden hose

sulama kabı

watering can

tırpan

scythe

pulluk

plow

orak

sickle

çapa

hoe

dirgen

pitchfork

balta

axe

el arabası

pushcart

yemlik

trough

süt kovası

milk can

çuval

sack

çit

fence

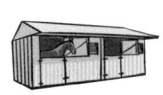

ahır

stable

sera

greenhouse

toprak

soil

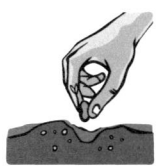

tohum

seed

gübre

fertilizer

biçerdöver

combine harvester

hasat etmek

harvest

harman

harvest

tatlı patates

yams

buğday

wheat

soya

soya

patates

potato

mısır

corn

kolza

rapeseed

meyve ağacı

fruit tree

manyok

manioc

hububat

grain

# ev
# house

baca
chimney
çatı
roof
yağmur oluğu
downspout
pencere
window
garaj
garage
kapı zili
doorbell
kapı
door
çöp kutusu
trash can
posta kutusu
mailbox
bahçe
garden


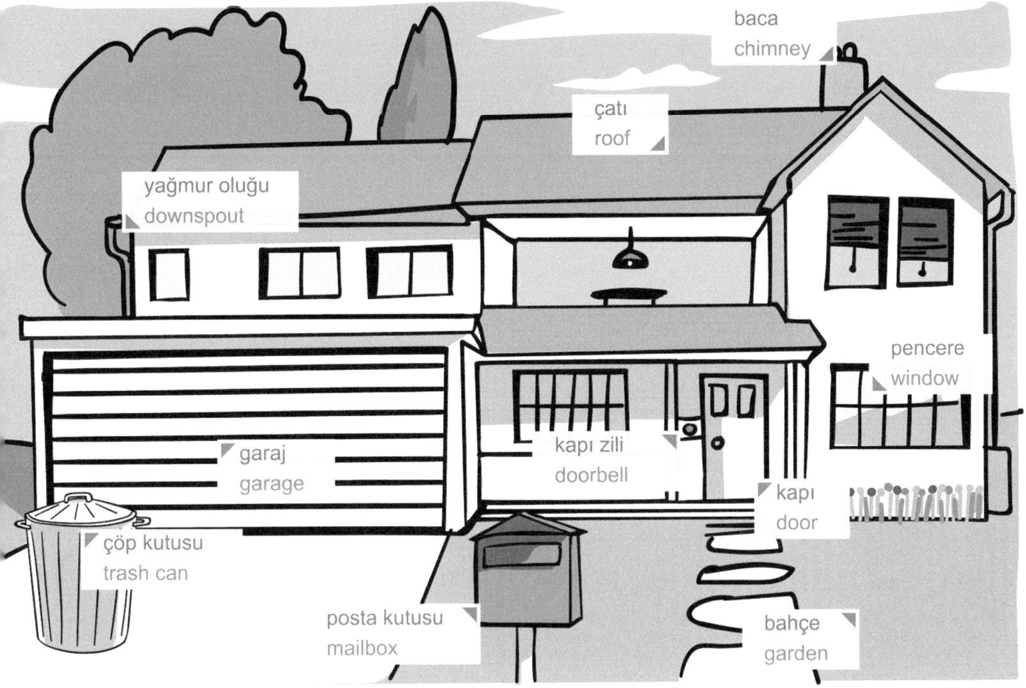

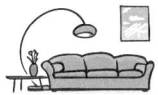

oturma odası

living room

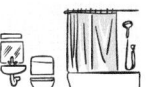

banyo

bathroom

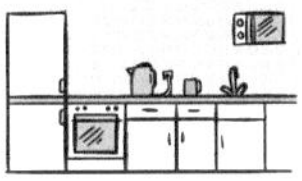

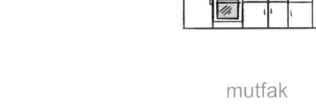

mutfak

kitchen

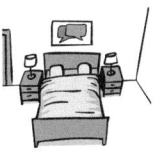

yatak odası

bedroom

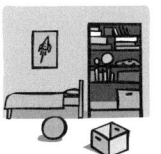

çocuk odası

kids room

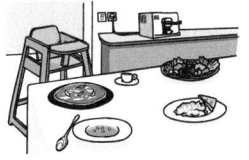

yemek odası

dining room

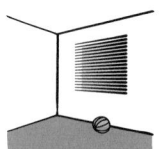

zemin

floor

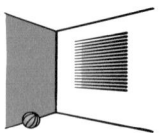

duvar

wall

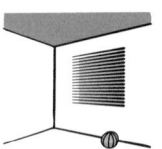

tavan

ceiling

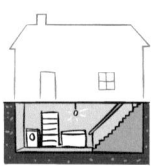

kiler

cellar

sauna

sauna

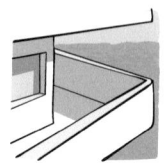

balkon

balcony

teras

terrace

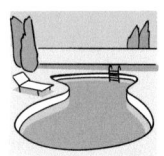

havuz

pool

çim biçme makinesi

lawn mower

çarşaf

sheet

yatak örtüsü

bedspread

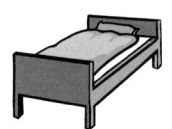

yatak

bed

süpürge

broom

kova

bucket

anahtar

switch

# oturma odası
## living room

duvar kağıdı
wallpaper
resim
picture
lamba
lamp
raf
shelf
dolap
cabinet
televizyon
television
şömine
fireplace
çiçek
flower
minder
cushion
kanepe
sofa
vazo
vase
uzaktan kumanda
remote control

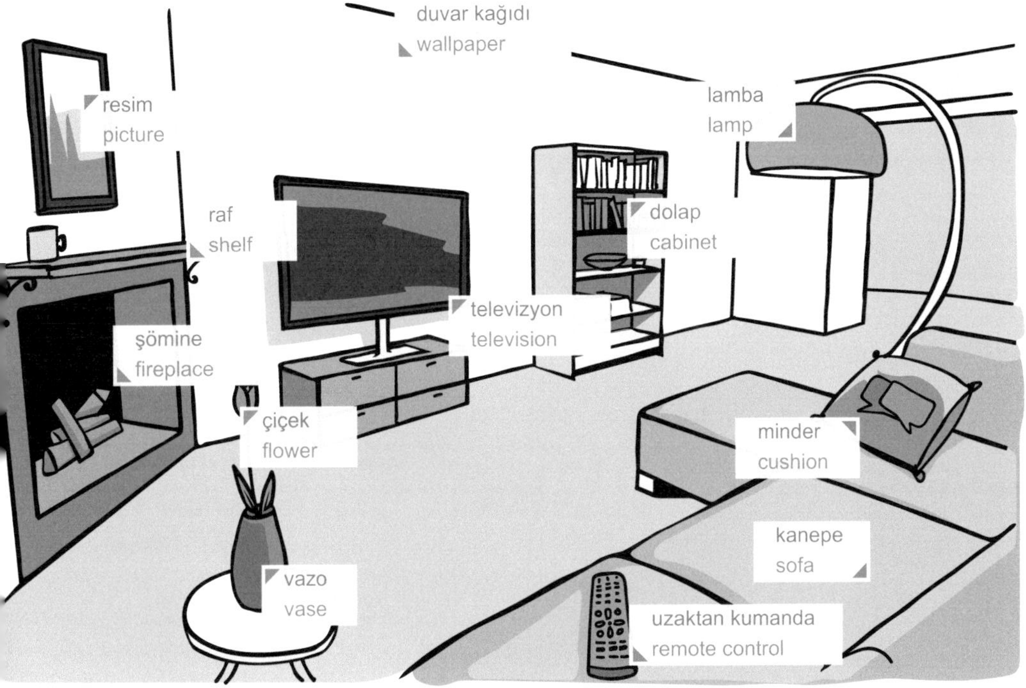

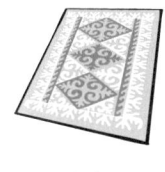

halı

carpet

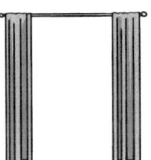

perde

drape

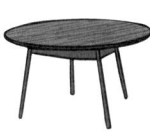

masa

table

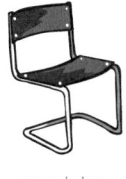

sandalye

chair

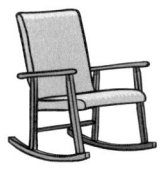

salıncaklı koltuk

rocking chair

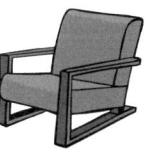

koltuk

armchair

kitap

book

battaniye

blanket

dekor

decoration

odun

firewood

film

film

hi-fi

stereo system

anahtar

key

gazete

newspaper

tablo

painting

poster

poster

radyo

radio

defter

notebook

elektrikli süpürge

vacuum cleaner

kaktüs

cactus

mum

candle

# mutfak
# kitchen

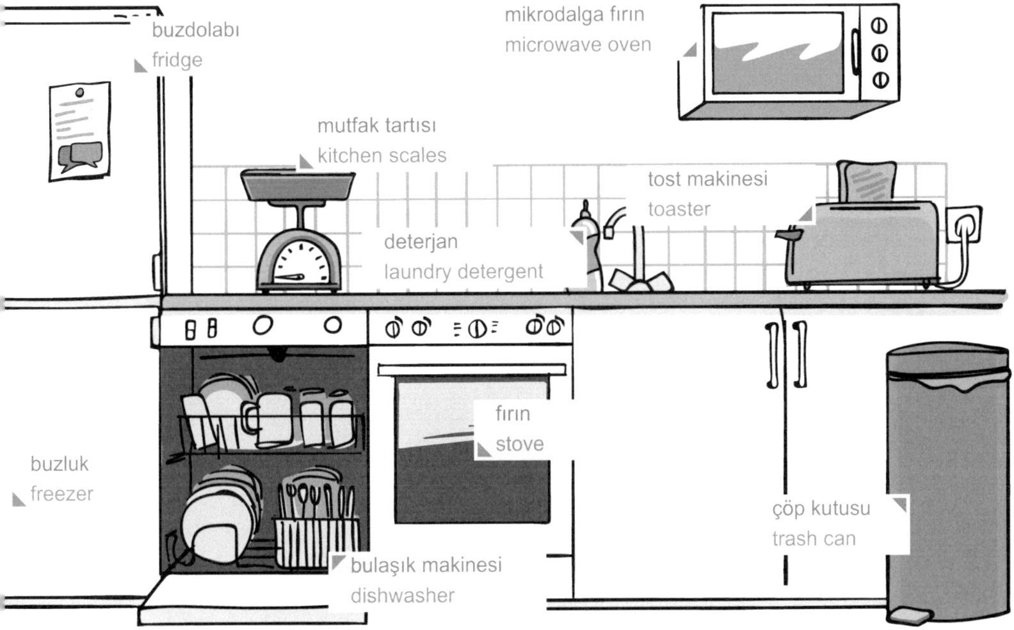

buzdolabı
fridge
mikrodalga fırın
microwave oven
mutfak tartısı
kitchen scales
tost makinesi
toaster
deterjan
laundry detergent
fırın
stove
buzluk
freezer
çöp kutusu
trash can
bulaşık makinesi
dishwasher


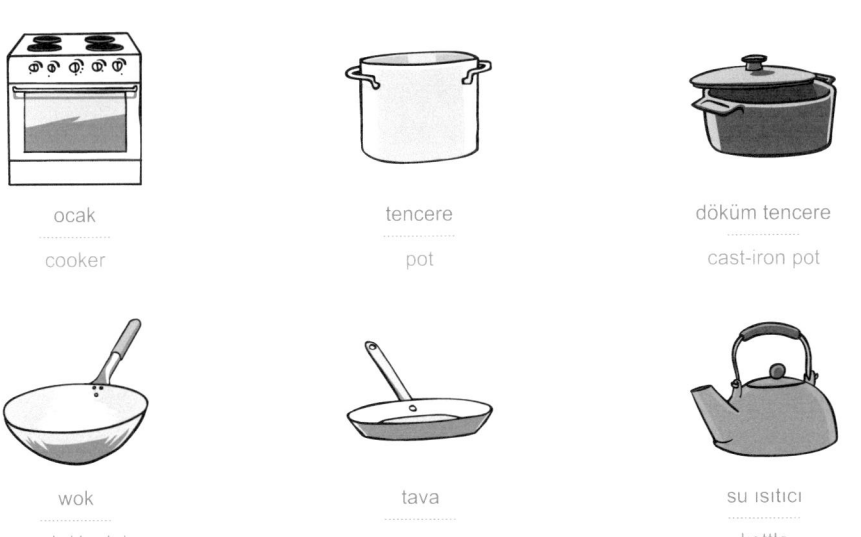

ocak

cooker

tencere

pot

döküm tencere

cast-iron pot

wok

wok / kadai

tava

pan

su ısıtıcı

kettle

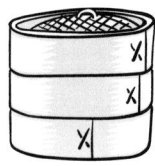

buharlı pişirici
steamer

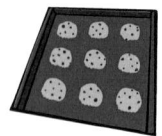

pişirme tepsisi
baking tray

tabak takımı
crockery

kupa
mug

kase
bowl

çubuk (çin yemeği)
chopsticks

kepçe
ladle

spatula
spatula

çırpma teli
whisk

süzgeç
strainer

elek
sieve

rende
grater

havan
mortar

barbekü
barbecue

açık ateş
fireplace

kesme tahtası

chopping board

merdane

rolling pin

tirbüşon

corkscrew

konserve kutusu

can

konserve açacağı

can opener

fırın eldiveni

oven cloth

evye

sink

fırça

brush

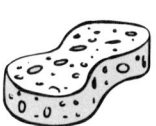

sünger

sponge

blender

blender

derin dondurucu

deep freezer

biberon

baby bottle

musluk

tap

# banyo
# bathroom

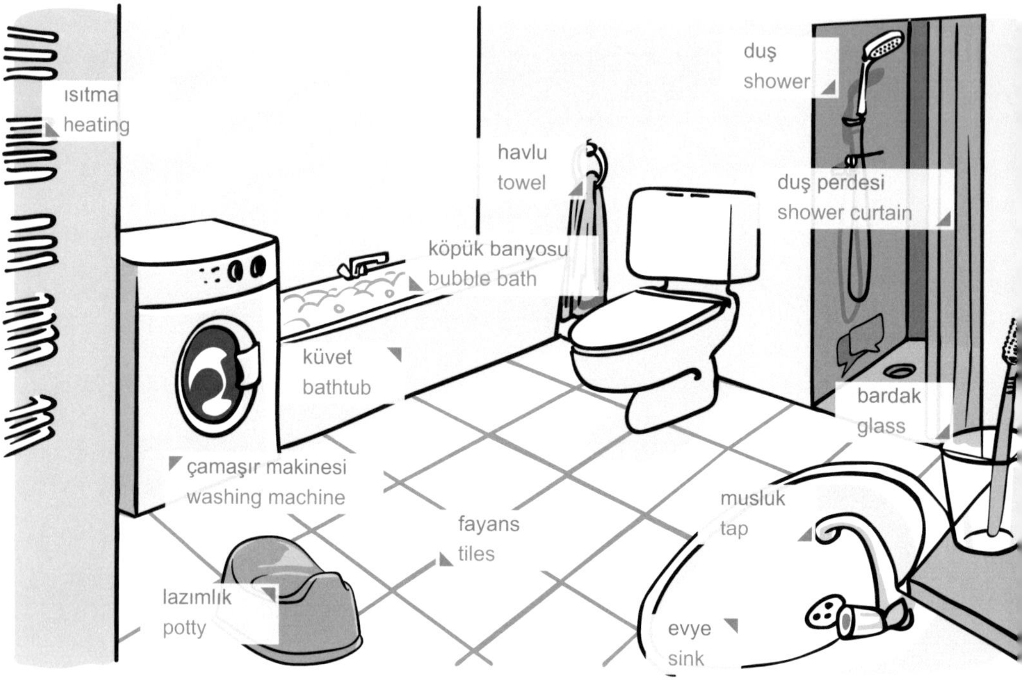

duş
shower

ısıtma
heating

havlu
towel

duş perdesi
shower curtain

köpük banyosu
bubble bath

küvet
bathtub

bardak
glass

çamaşır makinesi
washing machine

musluk
tap

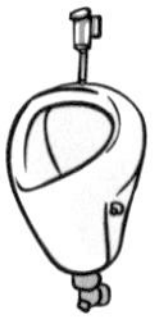

fayans
tiles

lazımlık
potty

evye
sink

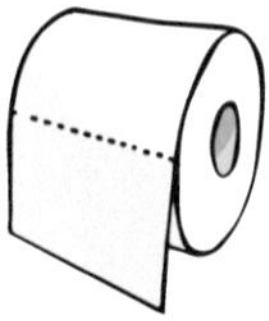

| | | |
|---|---|---|
| tuvalet | alaturka tuvalet | bide |
| toilet | squat toilet | bidet |
| pisuvar | tuvalet kağıdı | tuvalet fırçası |
| urinal | toilet paper | toilet brush |

diş fırçası

toothbrush

diş macunu

toothpaste

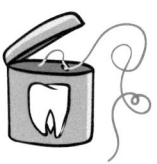

diş ipi

dental floss

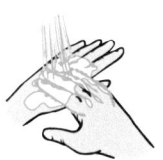

yıkamak

wash

duş başlığı

hand shower

duş başlığı şeklinde taharet musluğu

douche

küvet

basin

banyo fırçası

back brush

sabun

soap

duş jeli

shower gel

şampuan

shampoo

banyo lifi

flannel

gider

drain

krem

creme

deodorant

deodorant

ayna

mirror

el aynası

hand mirror

jilet

razor

tıraş köpüğü

shaving foam

tıraş losyonu

aftershave

tarak

comb

fırça

brush

saç kurutma makinesi

hair-dryer

saç spreyi

hairspray

makyaj

makeup

ruj

lipstick

tırnak cilası

nail varnish

pamuk

cotton wool

tırnak makası

nail scissors

parfüm

perfume

makyaj çantası

washbag

tabure

stool

tartı

weighing scales

bornoz

bathrobe

lastik eldiven

rubber gloves

tampon

tampon

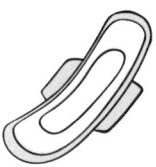

kadın pedi

sanitary towel

kimyevi tuvalet

chemical toilet

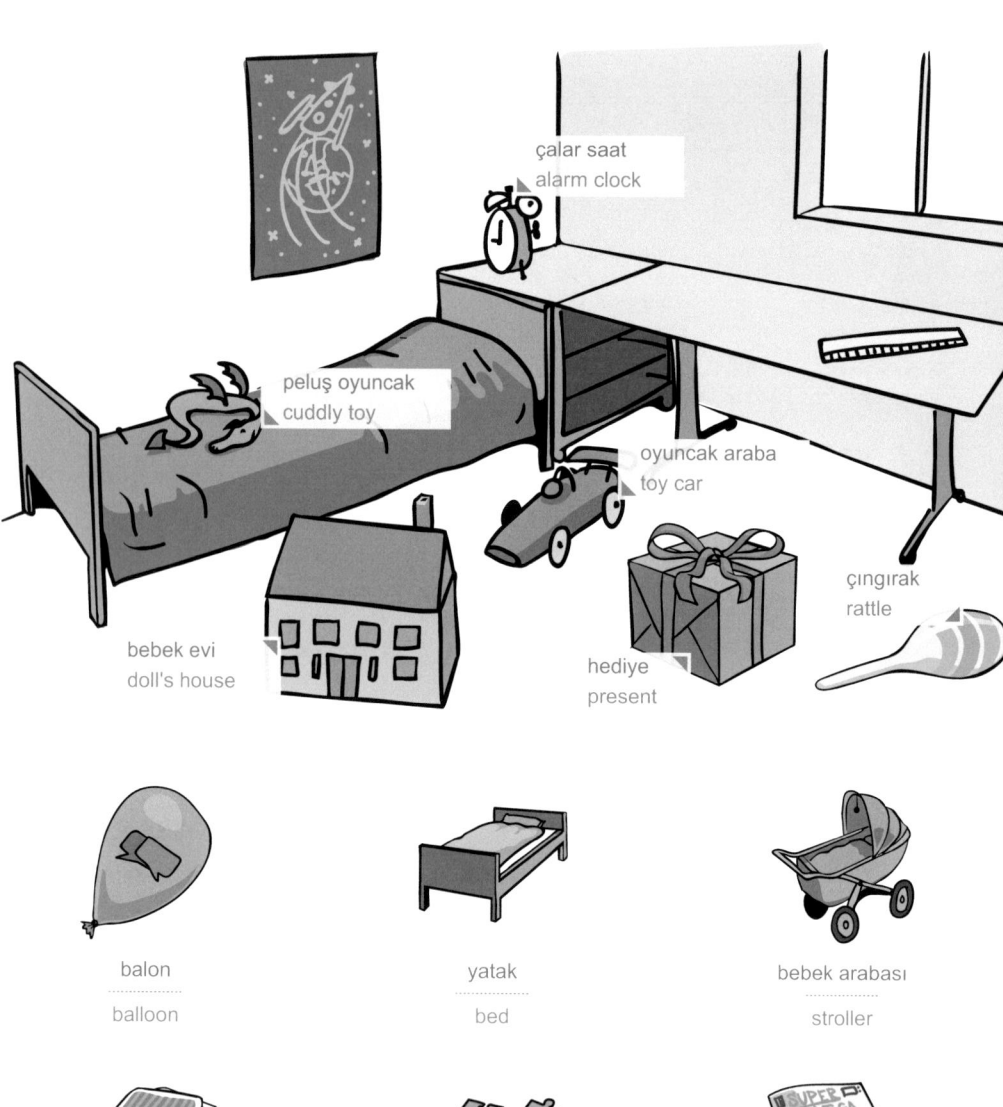

çalar saat
alarm clock

peluş oyuncak
cuddly toy

oyuncak araba
toy car

çıngırak
rattle

bebek evi
doll's house

hediye
present

balon

balloon

yatak

bed

bebek arabası

stroller

kart destesi

deck of cards

yapboz

jigsaw

çizgi roman

comic

lego tuğlaları

lego bricks

lego blokları

toy blocks

aksiyon figürü

action figure

zıbın

romper suit

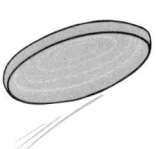

frizbi

frisbee

dönence

mobile

masa oyunu

board game

zar

dice

model tren seti

model train set

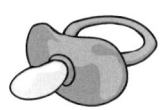

emzik

pacifier

parti

party

resimli kitap

picture book

top

ball

oyuncak bebek

doll

oynamak

play

kum havuzu

sandpit

salıncak

swing

oyuncaklar

toys

video oyun konsolu

video game console

üç tekerlekli bisiklet

tricycle

oyuncak ayı

teddy bear

gardırop

wardrobe

## kıyafet
## clothing

çorap

socks

külotlu çorap

stockings

tayt

tights

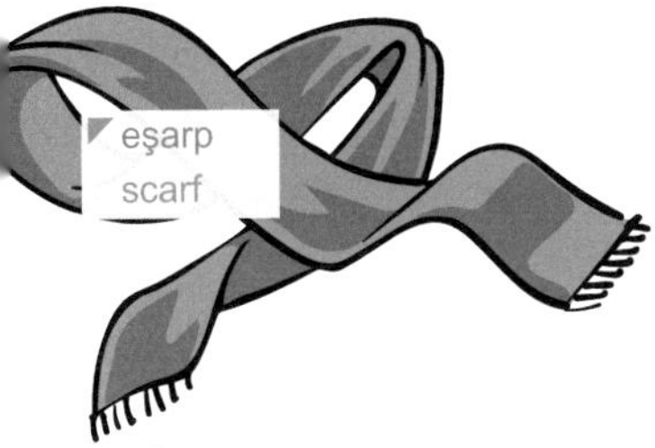

eşarp
scarf

şemsiye
umbrella

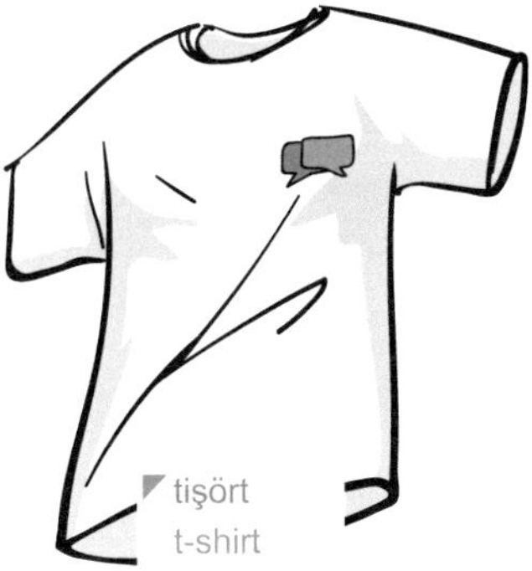

tişört
t-shirt

kemer
belt

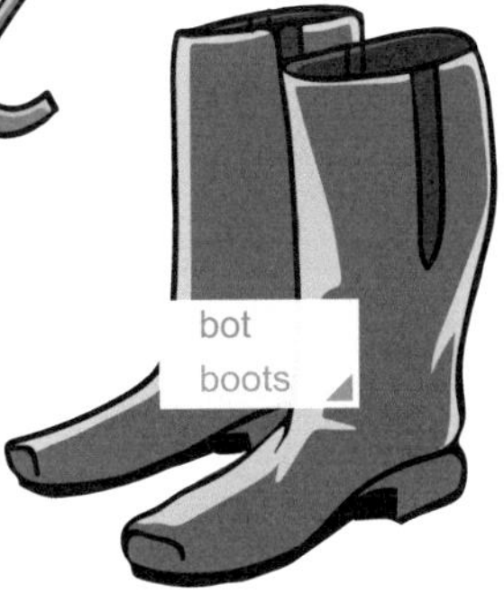

bot
boots

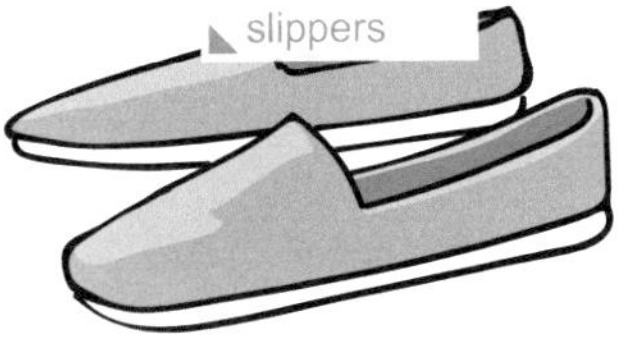

terlik
slippers

spor ayakkabı
sneakers

sandalet
sandals

ayakkabı
shoes

lastik çizme
rubber boots

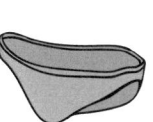

külot
underwear

sütyen
bra

yelek
undershirt

kıyafet - clothing

45

dar bluz

body

pantolon

pants

kot pantolon

jeans

etek

skirt

bluz

blouse

gömlek

shirt

kazak

pullover

süveter

sweater

blazer

blazer

ceket

jacket

mont

coat

yağmurluk

raincoat

kostüm

costume

elbise

dress

gelinlik

wedding dress

takım elbise

suit

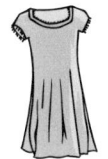

gecelik

nightgown

pijama

pajamas

sari

sari

baş örtüsü

headscarf

türban

turban

burka

burka

kaftan

kaftan

çarşaf

abaya

mayo

swimsuit

erkek mayosu

trunks

şort

shorts

eşofman

tracksuit

önlük

apron

eldiven

gloves

kıyafet - clothing

düğme

button

gözlük

glasses

bilezik

bracelet

kolye

necklace

yüzük

ring

küpe

earring

kep

cap

portmanto

coat hanger

şapka

hat

kravat

tie

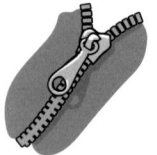

fermuar

zip

kask

helmet

pantolon askısı

braces

okul forması

school uniform

üniforma

uniform

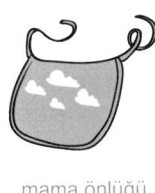

mama önlüğü

bib

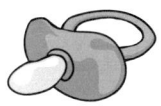

emzik

pacifier

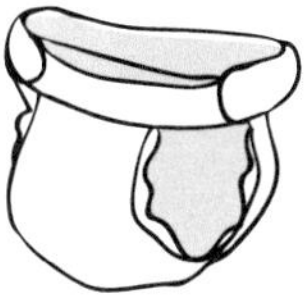

bebek bezi

diaper

# ofis

## office

sunucu
server
dosya dolabı
filing cabinet
yazıcı
printer
kağıt
paper
monitör
monitor
fare
mouse
masa
desk
klasör
folder
klavye
keyboard
kağıt çöp kutusu
waste-paper basket
bilgisayar
computer
sandalye
chair


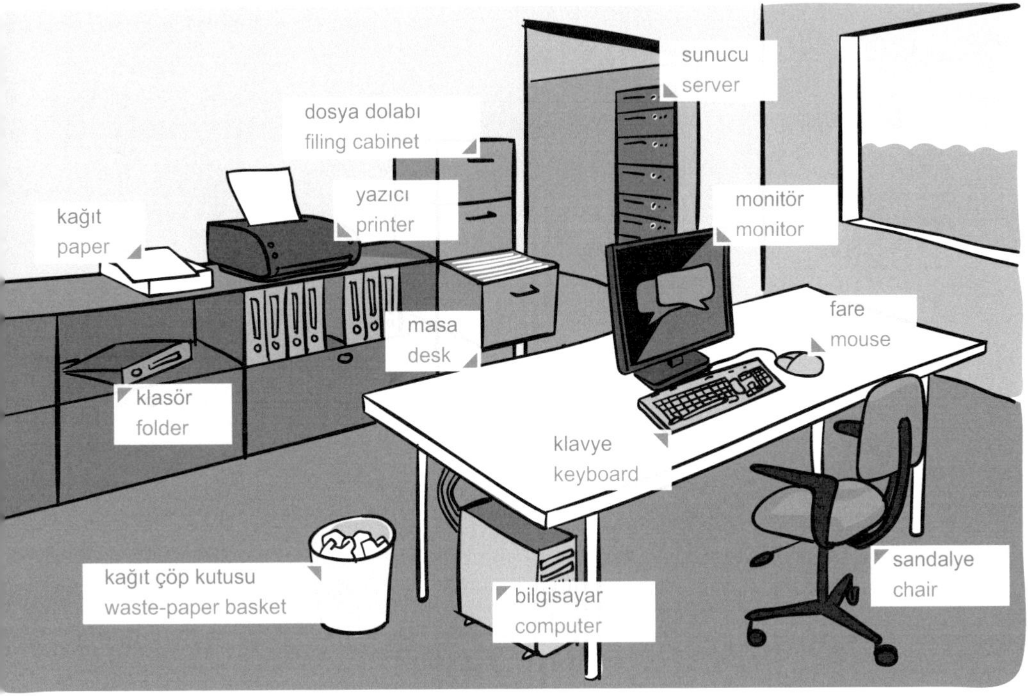

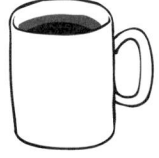

kahve fincanı

coffee mug

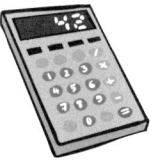

hesap makinesi

calculator

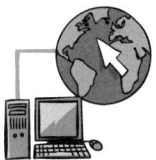

internet

internet

dizüstü

laptop

mektup

letter

mesaj

message

cep telefonu

cell phone

ağ

network

fotokopi makinesi

photocopier

yazılım

software

telefon

telephone

priz

plug socket

faks makinesi

fax machine

form

form

belge

document

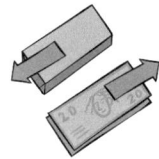

satın almak

buy

ödemek

pay

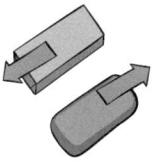

ticaret yapmak

trade

para

money

dolar

dollar

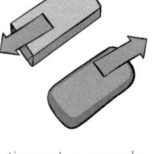

avro

euro

yen

yen

ruble

rouble

İsviçre frangı

Swiss franc

Çin yuanı

renminbi yuan

rupi

rupee

kasa

cash point

döviz bürosu

currency exchange office

altın

gold

gümüş

silver

petrol

oil

enerji

energy

fiyat

price

kontrat

contract

vergi

tax

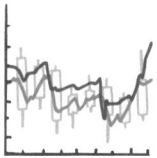

menkul değer

stock

çalışmak

work

işveren

employee

işçi

employer

fabrika

factory

mağaza

shop

# meslekler
# occupations

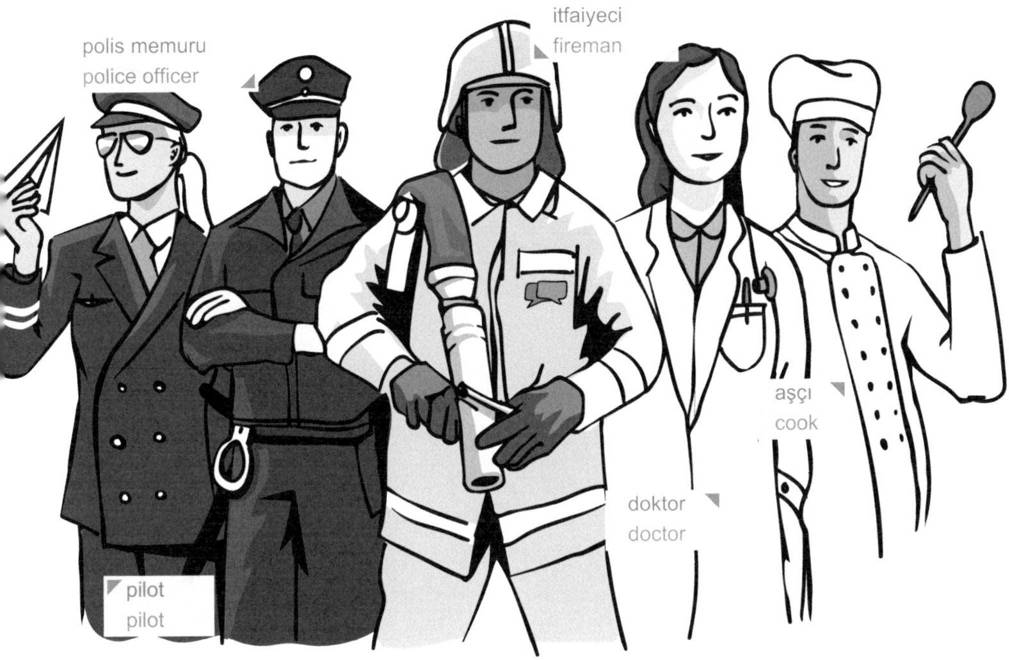

polis memuru
police officer
itfaiyeci
fireman
aşçı
cook
doktor
doctor
pilot
pilot


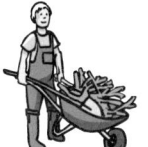

bahçıvan

gardener

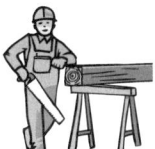

marangoz

carpenter

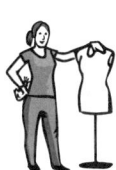

terzi

seamstress

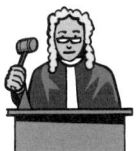

hakim

judge

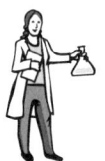

kimyager

chemist

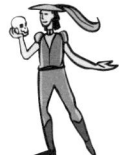

aktör

actor

otobüs şoförü

bus driver

taksi şoförü

taxi driver

balıkçı

fisherman

temizlikçi

cleaning lady

çatı ustası

roofer

garson

waiter

avcı

hunter

boyacı

painter

fırıncı

baker

elektrikçi

electrician

inşaatçı

builder

mühendis

engineer

kasap

butcher

muslukçu

plumber

postacı

postman

asker

soldier

mimar

architect

kasiyer

cashier

çiçekçi

florist

kuaför

hairdresser

kondüktör

conductor

tamirci

mechanic

kaptan

captain

dişçi

dentist

bilim insanı

scientist

haham

rabbi

imam

imam

keşiş

monk

rahip

pastor

# aletler

# tools

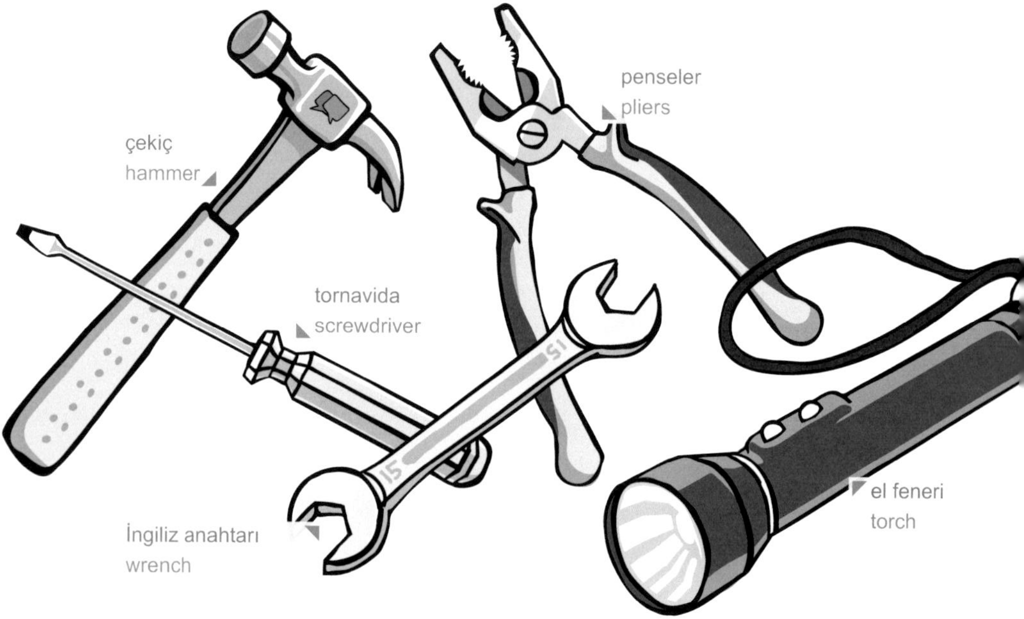

çekiç
hammer
penseler
pliers
tornavida
screwdriver
İngiliz anahtarı
wrench
el feneri
torch


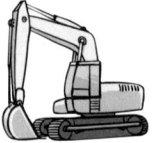

kazı makinesi

excavator

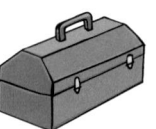

alet çantası

toolbox

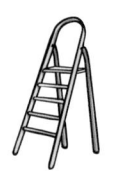

merdiven

ladder

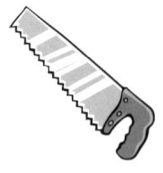

testere

saw

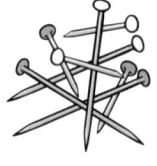

çiviler

nails

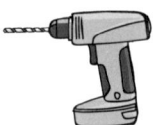

matkap

drill

tamir etmek

repair

kürek

shovel

Kahretsin!

Damn!

faraş

dustpan

boya tenekesi

paint can

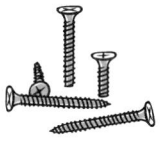

vidalar

screws

## müzik enstrümanı
## musical instruments

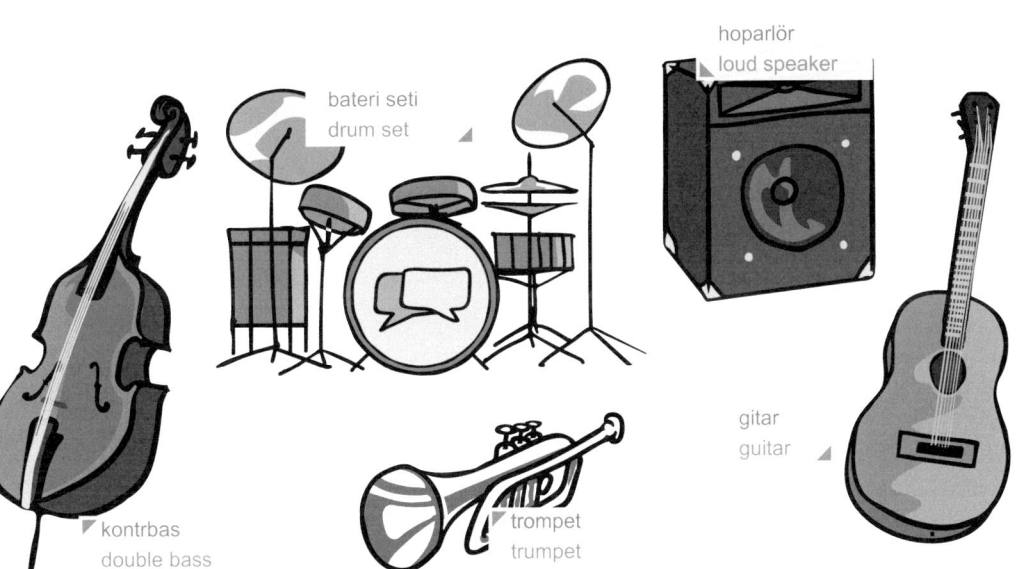

hoparlör
loud speaker

bateri seti
drum set

gitar
guitar

kontrbas
double bass

trompet
trumpet

piyano

piano

keman

violin

basgitar

bass

timpani

timpani

bateri

drums

klavye

keyboard

saksafon

saxophone

flüt

flute

mikrofon

microphone

müzik enstrümanı - musical instruments

# hayvanat bahçesi

## zoo

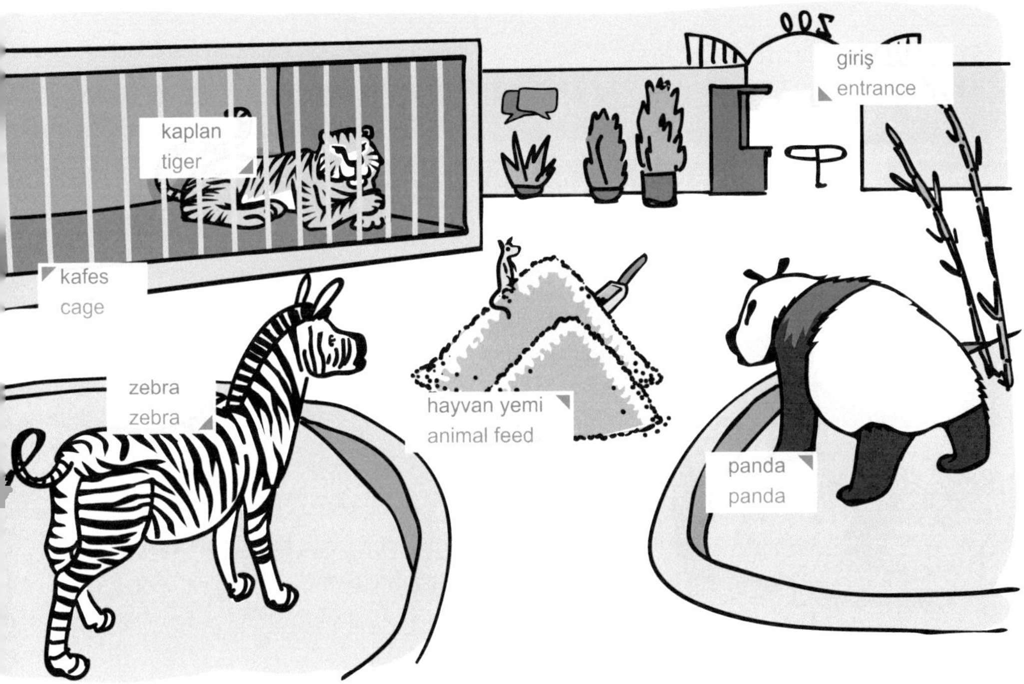

giriş
entrance
kaplan
tiger
kafes
cage
zebra
zebra
hayvan yemi
animal feed
panda
panda


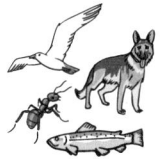

hayvanlar

animals

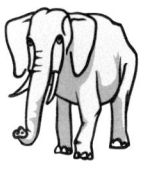

fil

elephant

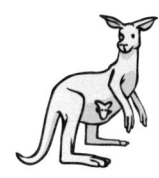

kanguru

kangaroo

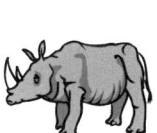

gergedan

rhino

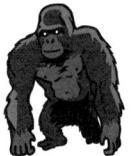

goril

gorilla

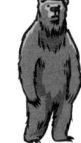

ayı

bear

deve

camel

deve kuşu

ostrich

aslan

lion

maymun

monkey

flamingo

flamingo

papağan

parrot

kutup ayısı

polar bear

penguen

penguin

köpek balığı

shark

tavus kuşu

peacock

yılan

snake

timsah

crocodile

hayvanat bahçesi görevlisi

zookeeper

fok

seal

jaguar

jaguar

midilli atı

pony

leopar

leopard

su aygırı

hippo

zürafa

giraffe

kartal

eagle

yaban domuzu

boar

balık

fish

kaplumbağa

turtle

mors

walrus

tilki

fox

ceylan

gazelle

amerikan futbolu
American football

bisiklete binme
cycling

tenis
tennis

basketbol
basketball

yüzme
swimming

boks
boxing

buz hokeyi
ice hockey

futbol
soccer

badminton
badminton

atletizm
athletics

hentbol
handball

kayak
skiing

polo
polo

# etkinlikler
# activities

gülmek
laugh
atlamak
jump
sarılmak
hug
yürümek
walk
söylemek
sing
hayal etmek
dream
dua etmek
pray
öpmek
kiss


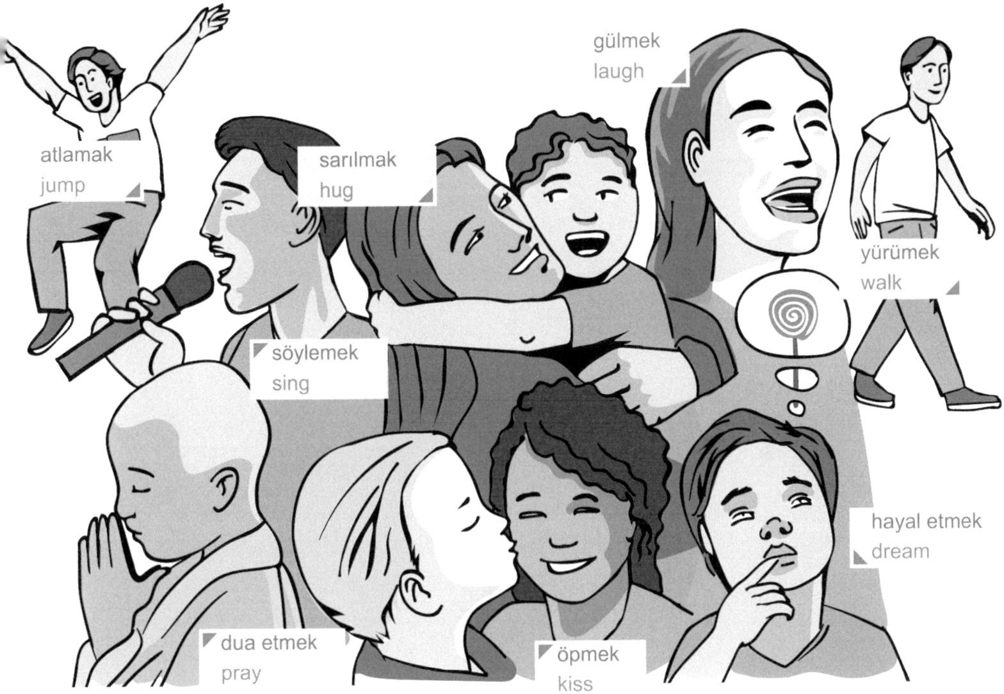

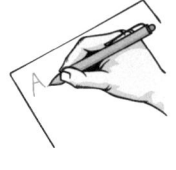

yazmak

write

çizmek

draw

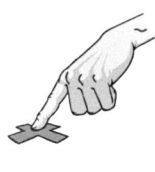

göstermek

show

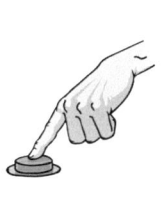

itmek

push

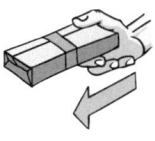

vermek

give

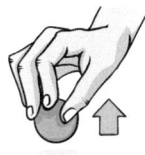

almak

take

sahip olmak

have

yapmak

do

olmak

be

ayakta durmak

stand

koşmak

run

çekmek

pull

atmak

throw

düşmek

fall

yalan söylemek

lie

beklemek

wait

taşımak

carry

oturmak

sit

giyinmek

get dressed

uyumak

sleep

uyanmak

wake up

bakmak

look at

ağlamak

cry

vurmak

stroke

taramak

comb

konuşmak

talk

anlamak

understand

sormak

ask

dinlemek

listen

içmek

drink

yemek

eat

düzenlemek

tidy up

sevmek

love

pişirmek

cook

sürmek

drive

uçmak

fly

denize açılmak

sail

hesapla

calculate

okumak

read

öğrenmek

learn

çalışmak

work

evlenmek

marry

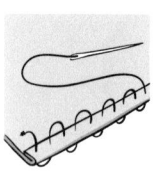

dikmek

sew

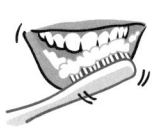

diş fırçalamak

brush teeth

öldürmek

kill

sigara içmek

smoke

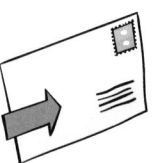

yollamak

send

büyükanne
grandmother

büyükbaba
grandfather

baba
father

anne
mother

bebek
baby

kız
daughter

oğul
son

misafir

guest

teyze

aunt

amca

uncle

erkek kardeş

brother

kız kardeş

sister

# vücut

# body

alın
forehead
göz
eye
yüz
face
çene
chin
göğüs
breast
parmak
finger
el
hand
kol
arm
omuz
shoulder
bacak
leg

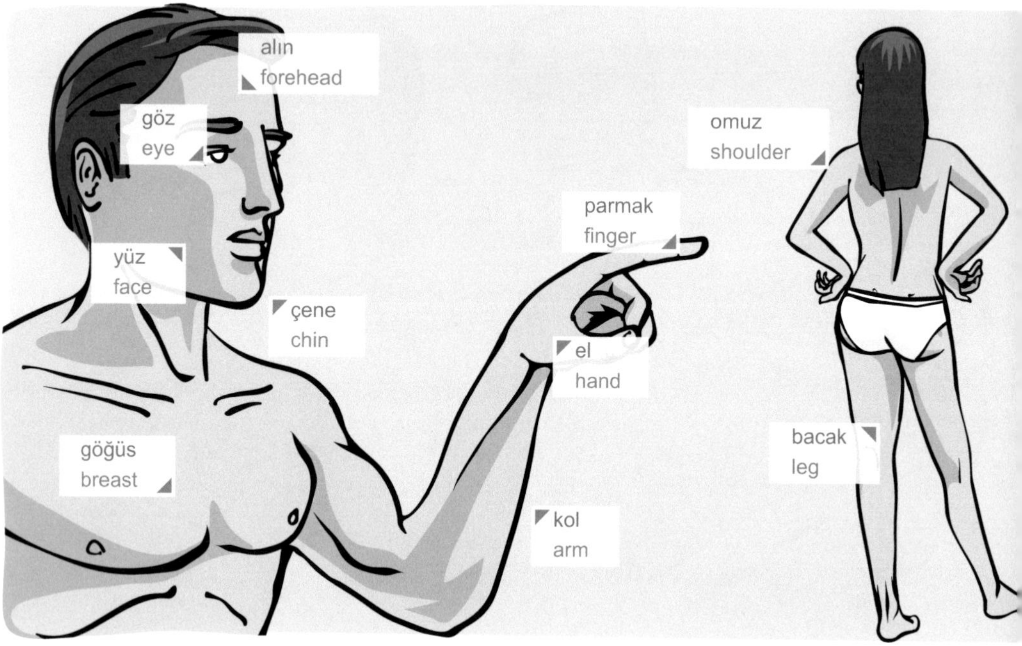

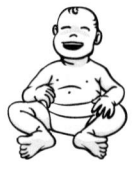

bebek

baby

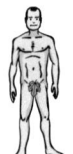

adam

man

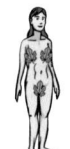

kadın

woman

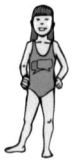

kız

girl

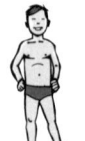

erkek çocuk

boy

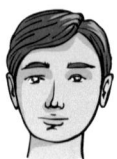

baş

head

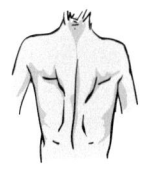

sırt

back

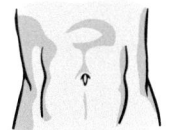

karın

belly

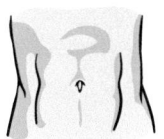

göbek

navel

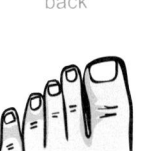

ayak parmağı

toe

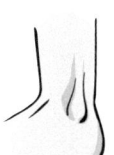

topuk

heel

kemik

bone

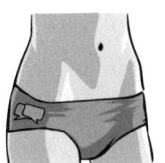

kalça

hip

diz

knee

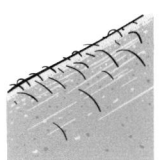

dirsek

elbow

burun

nose

kalça

buttocks

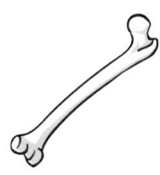

deri

skin

yanak

cheek

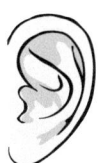

kulak

ear

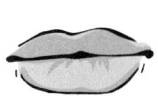

dudak

lip

vücut - body

ağız

mouth

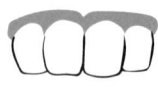

diş

tooth

dil

tongue

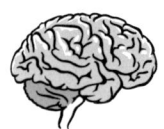

beyin

brain

kalp

heart

kas

muscle

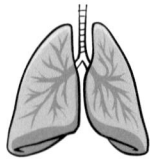

akciğer

lung

karaciğer

liver

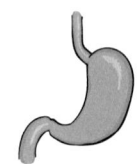

mide

stomach

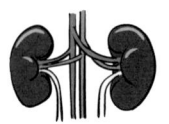

böbrekler

kidneys

seks

sex

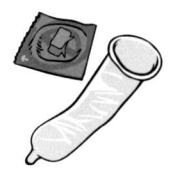

prezervatif

condom

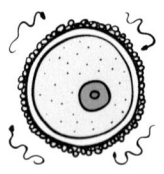

yumurtalık

ovum

sperm

semen

hamilelik

pregnancy

vücut - body

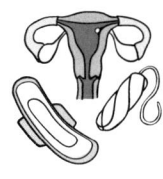

regl

menstruation

vajina

vagina

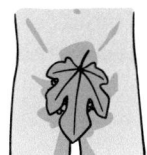

penis

penis

kaş

eyebrow

saç

hair

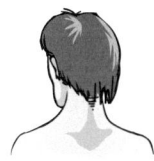

boyun

neck

# hastane
# hospital

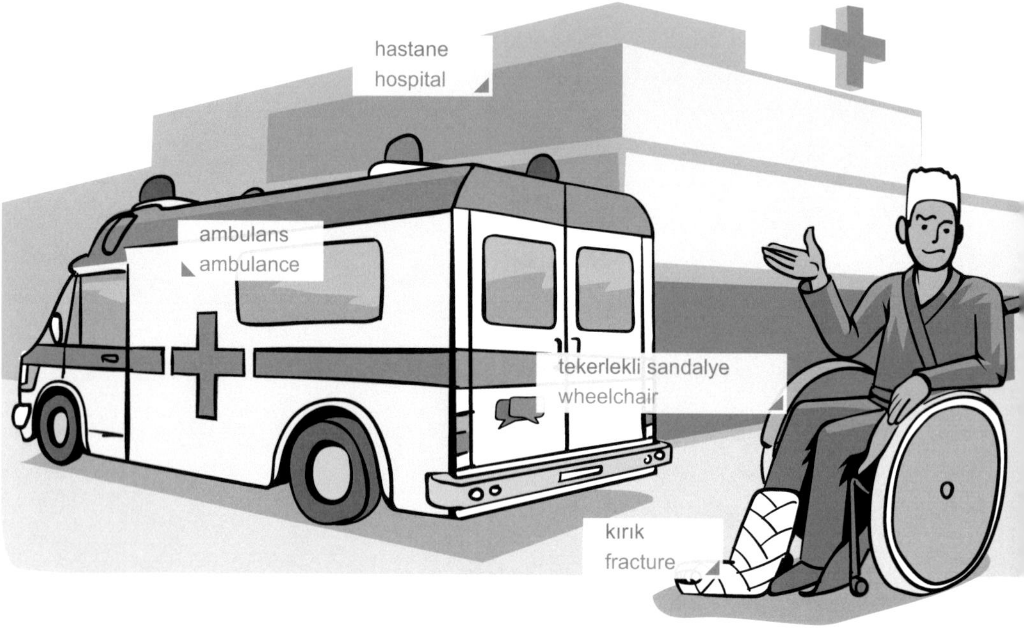

hastane
hospital
ambulans
ambulance
tekerlekli sandalye
wheelchair
kırık
fracture

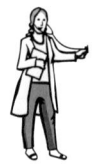

doktor

doctor

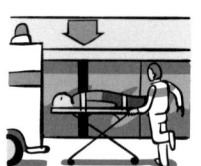

acil servis

emergency room

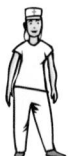

hemşire

nurse

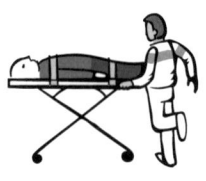

acil

emergency

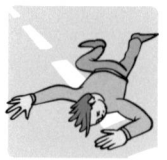

baygın

unconscious

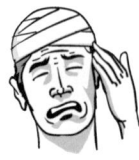

acı

pain

yaralanma

injury

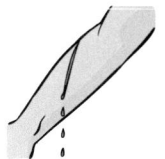

kanama

bleeding

kalp krizi

heart attack

felç

stroke

alerji

allergy

öksürük

cough

ateş

fever

grip

flu

ishal

diarrhea

baş ağrısı

headache

kanser

cancer

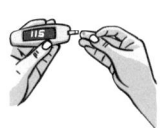

şeker hastalığı

diabetes

cerrah

surgeon

neşter

scalpel

operasyon

operation

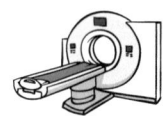

bilgisayarlı tomografi

CT

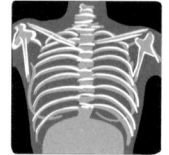

röntgen

x-ray

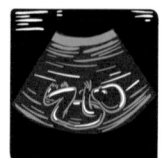

ultrason

ultrasound

yüz maskesi

face mask

hastalık

disease

bekleme odası

waiting room

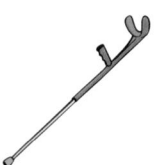

koltuk değneği

crutch

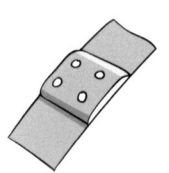

yara bandı

plaster

bandaj

bandage

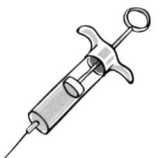

enjeksiyon

injection

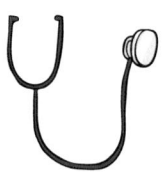

steteskop

stethoscope

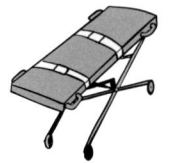

sedye

stretcher

tıbbi termometre

clinical thermometer

doğum

birth

fazla kilo

overweight

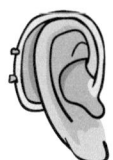

işitme cihazı

hearing aid

dezenfektan

disinfectant

enfeksiyon

infection

virüs

virus

HIV / AIDS

HIV / AIDS

ilaç

medicine

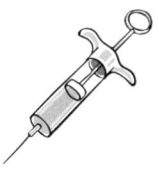

aşı

vaccination

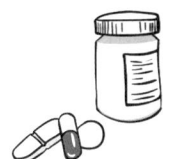

tablet

tablets

hap

pill

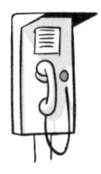

acil çağrı

emergency call

tansiyon aleti

blood pressure monitor

hasta / sağlıklı

ill / healthy

İmdat!

Help!

alarm

alarm

darp

assault

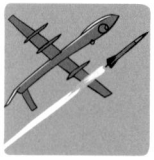

saldırı

attack

tehlike

danger

acil çıkış

emergency exit

Yangın!

Fire!

yangın tüpü

fire extinguisher

kaza

accident

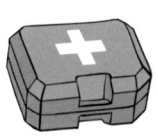

ilk yardım çantası

first-aid kit

imdat

SOS

polis

police

Avrupa

Europe

Kuzey Amerika

North America

Güney amerika

South America

Afrika

Africa

Asya

Asia

Avustralya

Australia

Atlantik

Atlantic

Pasifik

Pacific

Hint Okyanusu

Indian Ocean

Antarktika Okyanusu

Antarctic Ocean

Arktik Okyanusu

Arctic Ocean

Kuzey Kutbu

North pole

Güney Kutbu

South pole

Antarktika

Antarctica

dünya

earth

kara

land

deniz

sea

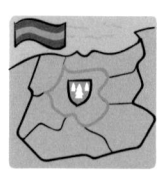

ada

island

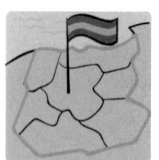

ulus

nation

ülke

state

kadran

clock face

akrep

hour hand

yelkovan

minute hand

saniye ibresi

second hand

Saat kaç?

What time is it?

gün

day

zaman

time

şimdi

now

dijital saat

digital watch

dakika

minute

saat

hour

Pazartesi
Monday

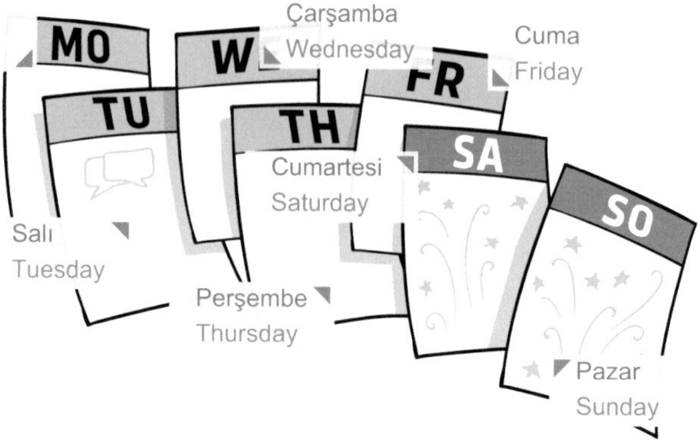

Çarşamba
Wednesday

Cuma
Friday

Salı
Tuesday

Cumartesi
Saturday

Perşembe
Thursday

Pazar
Sunday

dün
yesterday

bugün
today

yarın
tomorrow

sabah
morning

öğle
noon

akşam
evening

| MO | TU | WE | TH | FR | SA | SU |
|----|----|----|----|----|----|----|
| 1 | 2 | 3 | 4 | 5 | 6 | 7 |
| 8 | 9 | 10 | 11 | 12 | 13 | 14 |
| 15 | 16 | 17 | 18 | 19 | 20 | 21 |
| 22 | 23 | 24 | 25 | 26 | 27 | 28 |
| 29 | 30 | 31 | 1 | 2 | 3 | 4 |

iş günleri
workdays

| MO | TU | WE | TH | FR | SA | SU |
|----|----|----|----|----|----|----|
| 1 | 2 | 3 | 4 | 5 | 6 | 7 |
| 8 | 9 | 10 | 11 | 12 | 13 | 14 |
| 15 | 16 | 17 | 18 | 19 | 20 | 21 |
| 22 | 23 | 24 | 25 | 26 | 27 | 28 |
| 29 | 30 | 31 | 1 | 2 | 3 | 4 |

hafta sonu
weekend

yağmur
rain

gökkuşağı
rainbow

kara
snow

rüzgar
wind

bahar
spring

sonbahar
fall

yaz
summer

kış
winter

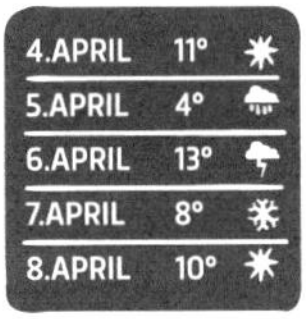

| 4.APRIL | 11° | ☀ |
| 5.APRIL | 4° | 🌦 |
| 6.APRIL | 13° | ⛈ |
| 7.APRIL | 8° | ❄ |
| 8.APRIL | 10° | ☀ |

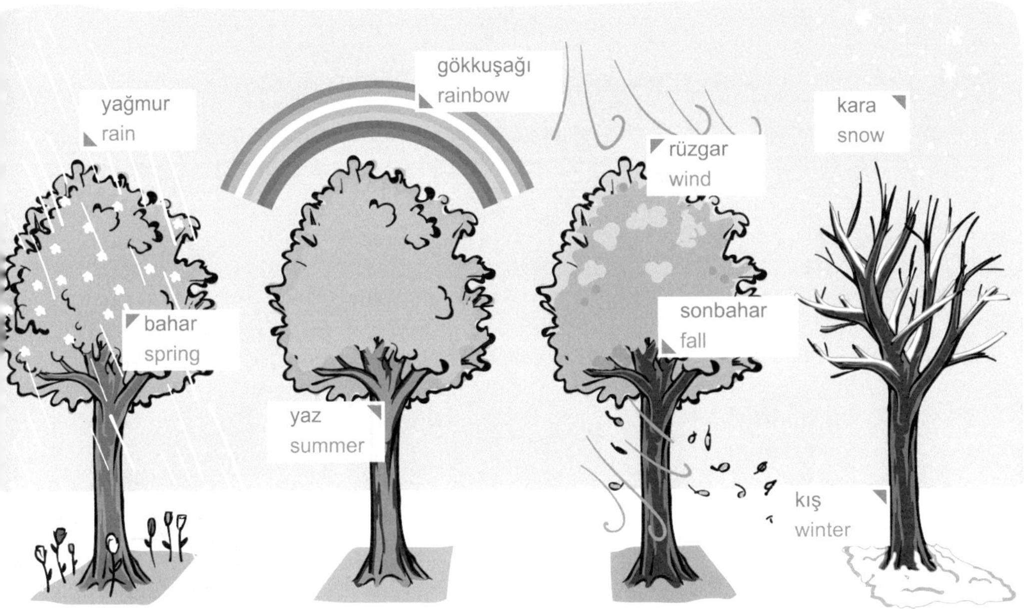

hava durumu tahmini

weather forecast

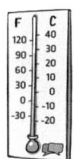

termometre

thermometer

güneş ışığı

sunshine

bulut

cloud

sis

fog

nem

humidity

şimşek

lightning

gök gürültüsü

thunder

fırtına

storm

dolu

hail

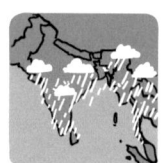

muson

monsoon

sel

flood

buz

ice

Ocak

January

Şubat

February

Mart

March

Nisan

April

Mayıs

May

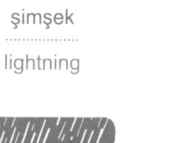

Haziran

June

Temmuz

July

Ağustos

August

Eylül

September

Ekim

October

Kasım

November

Aralık

December

## şekiller
## shapes

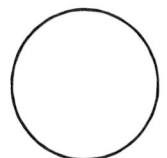

daire

circle

kare

square

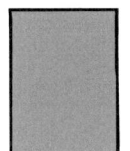

dikdörtgen

rectangle

üçgen

triangle

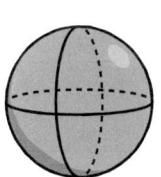

küre

sphere

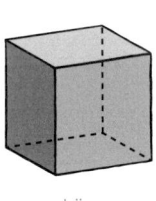

küp

cube

# renkler
## colors

beyaz

white

sarı

yellow

turuncu

orange

pembe

pink

kırmızı

red

mor

purple

mavi

blue

yeşil

green

kahverengi

brown

gri

gray

siyah

black

çok / az

a lot / a little

kızgın / sakin

angry / calm

güzel / çirkin

beautiful / ugly

başlangıç / son

beginning / end

büyük / küçük

big / small

parlak / karanlık

bright / dark

erkek kardeş / kız kardeş

brother / sister

temiz / kirli

clean / dirty

tamam / eksik

complete / incomplete

gün / gece

day / night

ölü / canlı

dead / alive

geniş / dar

wide / narrow

yenilebilir / yenilemez

edible / inedible

kötü / iyi

evil / kind

heyecanlı / sıkılmış

excited / bored

şişman / zayıf

fat / thin

ilk / son

first / last

dost / düşman

friend / enemy

dolu / boş

full / empty

sert / yumuşak

hard / soft

ağır / hafif

heavy / light

açlık / susuzluk

hunger / thirst

hasta / sağlıklı

ill / healthy

yasa dışı / yasal

illegal / legal

zeki / aptal

intelligent / stupid

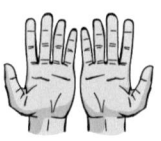

sol / sağ

left / right

yakın / uzak

near / far

yeni / kullanılmış

new / used

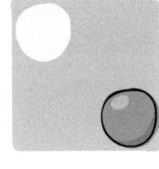

hiçbir şey / bir şey

nothing / something

yaşlı / genç

old / young

açma / kapama

on / off

açık / kapalı

open / closed

sessiz / gürültülü

quiet / loud

zengin / fakir

rich / poor

doğru / yanlış

right / wrong

pürüzlü / düz

rough / smooth

üzgün / mutlu

sad / happy

kısa / uzun

short / long

yavaş / hızlı

slow / fast

ıslak / kuru

wet / dry

sıcak / serin

warm / cool

savaş / barış

war / peace

**0**

sıfır

zero

**1**

bir

one

**2**

iki

two

**3**

üç

three

**4**

dört

four

**5**

beş

five

**6**

altı

six

**7**

yedi

seven

**8**

sekiz

eight

**9**

dokuz

nine

**10**

on

ten

**11**

on bir

eleven

**12**
on iki
twelve

**13**
on üç
thirteen

**14**
on dört
fourteen

**15**
on beş
fifteen

**16**
on altı
sixteen

**17**
on yedi
seventeen

**18**
on sekiz
eighteen

**19**
on dokuz
nineteen

**20**
yirmi
twenty

**100**
yüz
hundred

**1.000**
bin
thousand

**1.000.000**
milyon
million

İngilizce

English

Amerikan İngilizcesi

American English

Çince (Mandarin)

Chinese Mandarin

Hintçe

Hindi

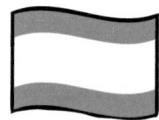

İspanyolca

Spanish

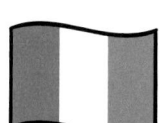

Fransızca

French

Arapça

Arabic

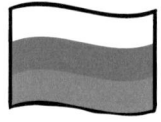

Rusça

Russian

Portekizce

Portuguese

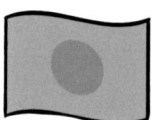

Bengalce

Bengali

Almanca

German

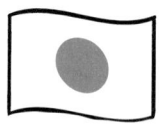

Japonca

Japanese

ben

I

sen

you

o

he / she / it

biz

we

siz

you

onlar

they

kim?

who?

ne?

what?

nasıl?

how?

nerede?

where?

ne zaman?

when?

isim

name

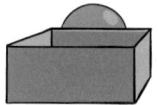

arkasında

behind

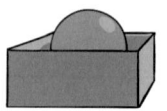

içinde

in

önünde

in front of

üzerinde

over

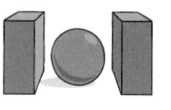

üstünde

on

altında

under

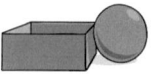

yanında

beside

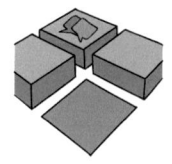

arasında

between

yer

place